RELATION EXACTE

DES

ÉVÈNEMENS

QUI ONT EU LIEU DANS PARIS,

PENDANT LES JOURNÉES DES 14, 15 ET 16 FÉVRIER 1831.

Des services funèbres avaient été célébrés sans aucune pompe dans plusieurs églises de la capitale, le 21 janvier; nulle part l'ordre n'avait été troublé : on devait croire qu'il en serait de même du service pour Mgr le duc de Berri.

Il a eu lieu dans l'église paroissiale de Saint-Germain-l'Auxerrois, le lundi 14 férier, à onze heures du matin, sans aucune pompe extérieure. Un catafalque très-simple et tendu de noir était placé dans le chœur. Aucun emblême ne rappelait la dynastie détrônée : le préfet de police l'a reconnu. Plus de trois mille personnes y assistaient, pairs de France, députés, magistrats, militaires anciens et nouveaux, gardes nationaux, élèves des Écoles, marchands, artisans, pauvres; tous les rangs étaient représentés à cette triste cérémonie, et confondus dans un même sentiment de douleur et de regrets pour ce prince si généreux et si Français. Un grand nombre de dames étaient venues y apporter le tribut de leurs larmes et de leur charité. La quête faite par quelques-unes d'entre elles produisit 2883 francs.

L'office fut célébré dans le plus grand calme : douleur sincère, recueillement profond, expression de regrets vivement sentis, des soupirs, des larmes s'échappaient de tous les yeux, des vœux ardens pour le bonheur de la France, voilà ce qu'on a remarqué à ce service, moins éclatant, moins solennel que ceux qui l'ont précédé, mais plus touchant peut-être.

Après l'absoute, faite par le curé, et l'aspersion de l'eau bénite autour du catafalque, l'assistance s'écoula en silence, bien loin de rien soupçonner des accusations mensongères auxquelles une cérémonie religieuse aussi calme allait servir de prétexte.

Quelques groupes se formaient sur la place : sur les deux heures ils devinrent plus nombreux, et des bruits aussi faux qu'absurdes, répandus par ces hommes qui ne cherchent que les occasions de désordre, circulèrent dans la foule. On disait, entre autres, que « les royalistes s'étaient réunis à Saint-Germain pour y sacrer « Henri V; que son buste avait été promené en triom- « phe, entouré de drapeaux blancs, puis déposé sur « l'autel et couronné, etc., etc. » Comme les bruits les plus invraisemblables sont toujours ceux que la multitude accueille avec le plus d'avidité, ces propos, colportés avec affectation par les malintentionnés, causèrent assez d'effervescence pour qu'un détachement de garde nationale crût devoir fermer les portes de l'église et les grilles du porche.

La foule augmentait; des pierres furent lancées dans les fenêtres de l'église, et, sur les cinq heures, quelques individus montés sur le toit s'efforcèrent d'abattre la croix dorée qui s'élevait majestueusement au-dessus de la façade. Comme ils ne pouvaient en venir à bout, le maire du 4ᵉ arrondissement, M. Cadet Gassicourt, envoya des ouvriers, qui brisèrent l'énorme pierre dans laquelle la croix était scellée. La croix et la pierre s'écroulèrent alors avec fracas, aux acclamations de la populace, sur le toit de l'édifice, qui fut ouvert, ainsi que la voute, dont la chute écrasa le jeu d'orgue. A la place de la croix du Sauveur, si outrageusement brisée par l'impiété, on voit aujourd'hui le buste de Louis-Philippe, et sur le fronton du temple saccagé on lit ces mots : *Mairie du 4e arrondissement* (1).

Au même instant, le presbytère était attaqué par une cinquantaine d'individus. Des pierres furent lancées contre les fenêtres, et les carreaux brisés. Le lendemain matin, vers sept heures, il fut envahi et entièrement pillé.

Le rappel battit dans plusieurs quartiers; quelques patrouilles de garde nationale suffirent pour dissiper les rassemblemens formés dans le voisinage de l'église. D'atroces vociférations se faisaient entendre contre les prêtres. Un jeune homme, qu'on disait être sémina-

---

(1) On a su depuis qu'après la cérémonie, et lorsqu'il restait à peine une centaine de personnes dans l'église, un inconnu avait attaché au catafalque, avec une épingle, une gravure représentant le duc de Bordeaux. M. le curé, qui était déjà depuis quelque temps dans la sacristie, en sortit aussitôt et enleva cette gravure, qui ne fut pas exposée pendant deux minutes, en disant : « Vous me compromettez, ainsi que mes prêtres. »

Si on rapproche ce fait des aveux échappés à M. le ministre de l'intérieur et à M. le préfet de police, dans la séance du 18 à la Chambre des députés, on est fondé à concevoir d'étranges soupçons. En effet, le préfet de police a dit : « Dans un pays où l'on jouit de la liberté des « cultes, l'autorité n'a rien à démêler avec ce qui se passe dans les églises, « ni le droit de demander aux personnes réunies pour prier dans quelles « intentions elles offrent ces prières. Mais je me suis dit : En n'empêchant « pas le service, je prendrai cette occasion de saisir des hommes *qui sont* « *insaisissables sur les autres points*; il faut, au 14 février, étudier les « causes *des mouvemens de décembre*. »

Ne pourrait-on pas conclure de cet aveu, que le gouvernement n'ayant pu trouver, malgré son désir, aucun royaliste compromis dans les troubles du mois de décembre, n'était pas fâché d'avoir un prétexte de les persécuter? La phrase suivante, prononcée par le ministre de l'intérieur dans la même séance du 18, est assez significative : « Le gouvernement, a-t-il « dit, avait cru devoir profiter de cette occasion (14 février) pour faire ob-« server de près le parti carliste, qui semblait s'être donné rendez-vous « dans la personne de quelques-uns de ses chefs. » Nous le répétons, le service s'était passé fort tranquillement, sans qu'il s'y fût rien mêlé de politique; mais il fallait à certaines gens *une occasion...*

riste, fut traîné à la rivière, et y aurait été précipité, si la garde nationale ne l'eût arraché des mains des furieux.

Les mêmes individus, ramas de ce que les grandes villes contiennent de plus impur, qui avaient dévasté le presbytère de Saint-Germain-l'Auxerrois et abattu la croix de l'église, se dirigèrent vers l'Archevêché, où ils avaient déjà commis quelques dégats, quand la garde nationale les en chassa.

La nuit se passa tranquillement.

Le mardi 15, vers sept heures du matin, un rassemblement d'environ trois cents personnes se porta à l'église Saint-Germain-l'Auxerrois : aucune disposition n'avait été prise par l'autorité pour protéger cet édifice. Les portes furent enfoncées, et alors commencèrent les scènes de dévastation et d'impiété qui rappellent les temps affreux de la terreur. Rien ne fut épargné. Les statues des saints furent renversées, mutilées ; les tableaux déchirés, tous les ornemens détruits ; les lustres, les lampes mis en pièces ; la chaire et le banc d'œuvres, ouvrages de sculpture du plus grand prix, et qui avaient été épargnés en 1793, ont été brisés ; une des portes de la grille du chœur a été enlevée ; deux sorties latérales de cette grille ont été endommagées. Ainsi, cette belle grille, don du roi Louis XV, qui avait échappé au vandalisme des premiers révolutionnaires, est en partie détruite ; enfin, les autels ont été renverssé, les vases sacrés exposés à toutes sortes de profanations; les hosties, dit-on, foulées aux pieds au milieu d'horribles blasphêmes que la plume se refuse à retracer ; l'argenterie toute entière a été enlevée ; les ornemens sacerdotaux déchirés, traînés dans la boue, exposés à la risée d'une horde impie, sans frein et sans croyance. Depuis sept heures jusqu'à midi, le temple du Seigneur a été en proie à toutes les profanations, à tous les genres de dévastation, sans qu'aucun magistrat intervînt. A midi seulement, la garde nationale a fait évacuer l'église, dont il ne reste plus que les quatre murs. Un journal révolutionnaire dit à ce sujet « qu'il faudrait « trop de réparations pour la rendre au culte, et que « sans doute le gouvernement la fera abattre pour « agrandir la place. »

On remarque que c'est un vicaire de Saint-Germain-l'Auxerrois qui vint, le 29 juillet, bénir la fosse des Parisiens tués devant le Louvre.

Sur les neuf heures du matin, une bande de deux à trois cents individus (1) força les grilles de l'Archevêché, qui avait déjà été saccagé au mois de juillet. Depuis cette époque, Mgr l'archevêque avait fait réparer et meubler à ses frais quelques pièces, afin de s'y pouvoir loger avec ses grands-vicaires. Tous les meubles ont été brisés en un clin-d'œil; le linge, les livres pillés, emportés ou jetés à l'eau. Les parquets même, les châssis des fenêtres, des portes, les marbres des cheminées, tout a disparu. Quand il n'est plus rien resté à détruire dans l'intérieur, plusieurs individus sont montés sur les toits et ont commencé à démolir la charpente et les murs. La garde nationale est arrivée. Impatiente de réprimer ce désordre, elle attendait les ordres de ses chefs! Ces ordres n'arrivaient pas. Six cents gardes nationaux sont restés pendant quatre heures spectateurs de ces affreux dégats; plusieurs ont été atteints par les livres et par les tuiles qu'on leur lançait, et leur zèle comme leur indignation étaient enchaînés. Enfin, à midi, le maire de l'arrondissement a paru, revêtu de son écharpe tricolore, et le lieutenant-colonel de la légion a donné l'ordre de faire évacuer les bâti-

---

(1) M. le préfet de police a dit à la Chambre des députés, que ce rassemblement se composait de *repris de justice* et de *forçats libérés*.

mens, qui ne présentent plus aujourd'hui qu'un monceau de ruines. Les grilles même du jardin ont été enlevées. Toute la matinée, la rivière a été couverte de débris de meubles, de boiseries, de livres provenant de l'Archevêché. Une foule de bateliers s'occupaient à repêcher ces objets, et, le soir, les quais présentaient le spectacle d'une espèce de foire où chacun vendait à vil prix ce qu'il avait recueilli.

Tandis que la foule rassemblée sur les quais voyait flotter ces tristes débris, on apercevait la magnifique croix qui surmontait le portail Saint-Gervais, ébranlée sous les coups d'autres démolisseurs, tomber enfin avec un horrible fracas. A la même heure, la croix placée au sommet du rond-point de Notre-Dame était également abattue. La garde nationale empêcha que les portes de l'église ne fussent enfoncées.

A Saint-Louis, Saint-Paul, une troupe de bandits, ivres pour la plupart, ayant pénétré dans l'église et maltraité les personnes qui s'y trouvaient, brisèrent les statues, et jetèrent dans un grand feu allumé devant la porte, des débris de chaises et d'ornemens. Heureusement la force armée, qui survint, ne leur permit pas d'achever leur dévastation.

A midi, la boutique du sieur Valerius, caporal dans la garde nationale, qui avait assisté au service en uniforme, fut enfoncée, pillée : on y établit un corps-de-garde.

A peu près à la même heure, une troupe d'enfans et de jeunes gens se portait à l'église de Notre-Dame de Bonne-Nouvelle. Un officier de la garde nationale qui voulut en défendre l'entrée, et tira son épée, fut grièvement maltraité. Des vitraux furent brisés, des ornemens détruits ; mais un prompt renfort de garde nationale fit évacuer, et ensuite fermer l'église, devant laquelle un poste fut établi.

Sur les deux heures, l'église Saint-Laurent fut attaquée. Les assaillans ne purent y entrer, mais ils pénétrèrent dans le clocher. La croix qui était placée au haut de la tour, fut brisée et précipitée au milieu d'affreuses clameurs. Plusieurs églises, entre autres Saint-Médard, les Petits-Pères, Saint-Merry, Saint-Nicolas-des-Champs, furent le théâtre de scènes du même genre. Les vitres du séminaire Saint-Sulpice furent brisées.

Dans l'après-midi, environ trois cents jeunes gens se portèrent vers la Chambre des députés, mais tous les abords en étaient gardés par de forts détachemens. A trois heures, un autre rassemblement se dirigea vers la Conciergerie pour délivrer les prisonniers. Un bataillon de la ligne fut envoyé à cette prison, et la dégagea. On remarqua près du Palais-de-Justice, dit un journal, « un attroupement qui portait, en guise de drapeau, « un portrait de prêtre, et criait : *A bas la calotte!* « M. Baude, préfet de police, était à cheval, cinquante « pas en avant. »

Pendant toute la journée, les grilles des Tuileries et du Palais-Royal furent fermées, et les cours remplies par de forts détachemens de troupes de ligne et de garde nationale. On remarqua qu'il n'y avait pas eu dans la journée de patrouilles de troupes de ligne.

Sur les neuf heures du soir, une cinquantaine d'individus envahirent la cour et une partie des bureaux du journal *la Quotidienne*, voulant mettre le feu à des matières combustibles entassées sous une remise. La garde nationale, avertie, dissipa le rassemblement. Ces menaces d'incendie, dans le voisinage de la Banque de France, avaient alarmé tout le quartier.

Dans la même soirée, une troupe de deux à trois cents individus désarma le poste de la rue Saint-André-des-Arts, et se porta de là sur celui du Petit-Pont; mais la bonne contenance du sergent de la ligne qui le commandait, donna le temps aux secours d'arriver. Quelques coups de fusil furent tirés sur la garde nationale, dans le voisinage de l'Hôtel-Dieu. Déjà la veille au soir les gardes nationaux de l'île Saint-Louis avaient été assaillis de pierres, qui avaient blessé plusieurs d'entre eux.

Dans l'après-midi, un jeune homme employé dans une maison de commerce de Paris, fut attaqué sur le quai Notre-Dame, par une troupe de furieux, parce qu'il portait les cheveux tombant sur le cou, et qu'on le prenait pour un ecclésiastique. Malgré les efforts de plusieurs gardes nationaux, il a été jeté à la rivière, d'où il a été retiré par des bateliers, et porté à l'Hôtel-Dieu. Ce jeune homme est dans un état désespéré. Il venait d'arriver d'Amérique, et on a trouvé dans son portefeuille une lettre de recommandation pour le général Lafayette.

Un ecclésiastique a été insulté, maltraité, rue du Bac, et on a eu de la peine à le faire entrer dans une maison : c'était M. l'abbé Bouqueau de Villevray, député au congrès de Belgique, et qui avait été envoyé à Paris pour offrir la couronne de ce pays au duc de Nemours.

Le 16, un rassemblement, composé comme ceux de la veille, se porta à Conflans, château de l'archevêque de Paris, près duquel il existe un séminaire. Déjà la veille un assez grand nombre d'individus, à figures sinistres, y étaient venus chercher l'archevêque. Apprenant que ce prélat n'y était pas, ils s'en étaient allés. La garde nationale de Conflans, peu nombreuse, harassée de fatigues, avait fait demander des renforts à Paris. Abandonnée à elle-même, elle n'a pu opposer de résistance. Un jeune homme s'était rendu dès le matin à Conflans, pour prévenir les domestiques : il fit emballer et charger sur des voitures, qui purent être conduites à Charenton, le linge et l'argenterie. Les bandits entrèrent dans la maison par une brèche faite au mur du jardin; et en un instant, tout a été dévasté. Le séminaire, où tous les jours des alimens étaient distribués aux pauvres du village, et le château, sont devenus de véritables ruines, ainsi que la chapelle : on n'y a pas même respecté un caveau dans lequel ont été enterrées MM^{mes} de Quélen et Hocquart, mère et tante de Mgr l'archevêque.

Dans cette journée, on a continué d'abattre les croix placées sur les églises; plusieurs mêmes ont été abattues par ordre de l'autorité. Il est à remarquer que la plupart de ces croix étaient des croix latines, qui ne portaient aucun ornement; quelques-unes portaient des trèfles à leurs extrémités, comme il a toujours été d'usage d'en mettre aux croix gallicanes. Si ces trèfles se terminent par trois pointes, comme les fleurs de lis, il faut supposer une grande ignorance au public pour croire que, dans une ville qui contient autant d'artistes et de gens instruits que Paris, on fera confondre les trèfles des croix avec les fleurs de lis (1).

Louis-Philippe est venu à neuf heures du matin passer en revue les troupes et la garde nationale qui avaient bivouaqué sur le Carrousel et dans la cour des Tuileries. Peu de temps après, on a envoyé des ouvriers pour détruire les bas-reliefs de l'arc-de-triomphe, représentant les plus beaux faits d'armes de la campagne d'Espagne. Ainsi on répudie la gloire que nos soldats ont acquise sous le drapeau de Henri IV !

(1) Lorsqu'après la révolution de juillet on abattit plusieurs croix de mission, on disait qu'on n'en voulait pas à la religion, mais seulement aux croix plantées par *les jésuites*.
Il est inutile de répéter ici ce qui a été dit si souvent. Les fleurs de lis ne sont pas les armes des Bourbons; elles figurent sur nos drapeaux dès les premiers temps de la monarchie, et bien avant l'avènement au trône de la maison de Bourbon, qui les adopta comme les armes de la nation : elles sont donc vraiment *les armes de France*.

Ce même jour, mercredi des cendres, toutes les églises de Paris ont été fermées, et l'office divin n'y a point été célébré. Déjà, à Noël, Mgr l'archevêque avait cru devoir interdire la célébration de la messe de minuit, dans la crainte de quelque désordre.

Le séminaire de Picpus a été entièrement dévasté. La maison de Montrouge, déjà pillée au mois de juillet, et inhabitée depuis, a été complètement saccagée; on en a emporté jusqu'aux bois de construction.

Le 17, un rassemblement s'est porté au couvent des dames religieuses de la rue de l'Arbalète. La garde nationale, avertie à temps, est venue à bout de le dissiper. Dès le matin, le commissaire de police du quartier avait prévenu les religieuses d'un couvent voisin du danger qui les menaçait, en les engageant, au nom de l'autorité, à renvoyer les enfans en pension chez elles à leurs parens, ce qu'elles firent à l'instant même.

Une autre bande s'est dirigée contre la maison de retraite, dite des *Augustins*, rue des Postes, où demeurent beaucoup de personnes âgées et infirmes. Des carreaux y ont été cassés; mais la garde nationale a fait respecter cet asile de la vieillesse; et depuis ce moment, un poste de trente hommes y est établi.

Le mardi 15, pendant que les églises, l'Archevêché, les séminaires et des propriétés particulières étaient livrés au pillage, d'infâmes mascarades tournaient en dérision, dans les rues de Paris, les cérémonies les plus augustes de notre sainte religion, et les vases sacrés enlevés dans les églises servaient à ces horribles profanations.

Il serait trop long d'énumérer toutes les violences commises dans ces journées désastreuses : il nous suffira de dire que l'habit ecclésiastique est aujourd'hui proscrit dans Paris. Les prêtres appelés près des malades ne peuvent s'y rendre qu'à la faveur de déguisemens qui ne les mettent pas toujours à l'abri du danger. Le 19, un ecclésiastique qui se rendait auprès d'un malade, a été reconnu et arrêté en plein midi, près du Jardin des Plantes, par des gens qui l'ont entraîné à la rivière, en criant : *A l'eau le jésuite!* Il est parvenu avec beaucoup de peine à se dégager de leurs mains.

Le même jour, dans le haut de la rue de Sèvres, un prêtre vénérable attaché à l'hospice de l'Enfant-Jésus, a été attaqué par un jeune furieux armé d'un couteau. La main du vieillard a été percée, et il eût été mis en pièces par les camarades de l'agresseur, si plusieurs bons citoyens ne fussent venus à son secours. On est parvenu à le faire entrer dans une maison, sanglant et mutilé. Un autre ecclésiastique a été grossièrement insulté à peu de distance de là, par trois individus qui sortaient d'un cabaret. Des ouvriers, témoins de cette audacieuse provocation, ont arrêté les coupables, et les ont remis à l'autorité.

Immédiatement après le service du 14, un grand nombre d'arrestations furent faites parmi les personnes qui y avaient assisté. Plusieurs mêmes qui n'y étaient pas, mais qu'on soupçonnait d'attachement à la famille royale détrônée, furent aussi arrêtées. Chaque jour on reconnaît leur innocence, et les magistrats chargés de l'instruction de cette affaire ordonnent leur mise en liberté. La plupart de ces ordres d'arrestation avaient été signés par le préfet de police, sans aucun commencement d'instruction. C'est ainsi qu'il avait décerné un mandat d'amener contre Mgr l'archevêque, qui n'était pas à Paris au moment du service. Un député s'est plaint à la tribune de ce qu'on avait employé contre le premier pasteur du diocèse des formes d'une rigueur inouïe, pour l'exécution de ce mandat. Une nuée d'agens de police est venue porter l'effroi dans un monastère où l'on sait que le pieux prélat se retire quelquefois, près d'un vieillard vénérable, compagnon de toutes ses infortunes, et son ami de tous les temps, l'abbé Desjardin, vicaire-général. Tout a été bouleversé dans la maison par cette inutile perquisition. Dès que Mgr l'archevêque a eu connaissance du mandat, il a fait savoir aux magistrats qu'il était prêt à se rendre devant eux. Mais la Cour royale a annulé le mandat décerné par le préfet de police. Un député du centre gauche s'est plaint, dans la séance du 18, de ce que presque tous les individus arrêtés dans les derniers troubles pour avoir pillé ou s'être livrés à des excès graves, avaient été relâchés. Il a cité des noms de gens qui avaient insulté ou maltraité la garde nationale, et qui, arrêtés d'abord, ont été presqu'aussitôt remis en liberté. Le préfet de police n'a pas nié les faits ; il a répondu que c'était l'*encombrement des prisons qui avait fait relâcher ces individus!*..... Et on a bien trouvé de la place pour y détenir sans motif, pendant plusieurs jours, des citoyens paisibles arrêtés dans leur domicile, et dont on est forcé aujourd'hui de reconnaître l'innocence !

Pour apercevoir nettement les différentes causes de tous les excès qui viennent d'être commis, il faut se reporter à la manière dont tout ce qui appartient au culte catholique a été, depuis sept mois, travesti et insulté sur les différens théâtres de Paris.

Le dimanche 13 février, au moment où on allait célébrer la dernière messe à Saint-Etienne-du-Mont, une grêle de pierres parties du collège de Henri IV, avait assailli le prêtre à l'autel. Il fut obligé de s'éloigner, ainsi que les assistans, et d'aller célébrer le saint sacrifice à la chappelle Sainte-Geneviève. Le même jour, pendant qu'on célébrait la grand'-messe à l'église des Petits-Pères, le son de l'orgue ayant attiré quelques gardes nationaux du poste de réserve qui stationne tout auprès, l'un d'eux monta près de l'organiste pour l'inviter à jouer *la Marseillaise*. Celui-ci l'ayant commencée avec des variations, le célébrant ordonna à l'enfant de chœur de sonner pour couvrir le son de l'orgue, qui s'arrêta; mais, à la fin de la messe, *la Marseillaise* fut exécutée en entier.

Les christs placés dans les diverses salles du Palais-de-Justice ont disparu depuis deux jours.

A l'église Saint-Louis-en-l'Ile, un homme qui était monté sur le toit pour enlever la croix, a été précipité en bas, et est tombé roide mort sur le pavé.

Un journal trace le tableau suivant de la conduite des autorités pendant ces journées : il est frappant de vérité :

« Un ministre de l'intérieur qui adresse des procla-
« mations aux habitans d'une ville, comme s'il était le
« ministre de Paris et non celui de la France; un pré-
« fet qui reste étranger aux intérêts de son départe-
« ment, tandis que tout s'agite autour de lui, tandis
« que l'on démolit les établissemens confiés à sa garde;

« Un général qui exile par proclamation des indivi-
« dus qui ne sont pas soumis à sa juridiction;

« Des chefs de la force publique qui font abattre
« des croix, des emblêmes nationaux, des trophées;

« Un préfet de police qui ne fait point exécuter les
« lois contre les attroupemens, et publie des ordon-
« nances lorsqu'il n'y a plus de perturbateurs;

« Une autorité qui relâche des individus prévenus
« de délits graves, parce que les prisons sont encom-
« brées;

« Un ministre des cultes qui fait de la police, et un
« préfet de police qui se mêle des affaires des cultes;

« Une troupe soldée que l'on n'emploie pas; une
« garde nationale qui n'agit pas; des instructeurs qui
« n'interrogent pas; des juges qui ne jugent pas; des
« conspirateurs que l'on ne condamne pas;

« Voilà ce que nous ont offert les dernières journées,
« c'est-à-dire l'anarchie du pouvoir au milieu d'une
« anarchie populaire.

« Et l'on veut bien appeler cela un gouvernement!.... »

On avait fait crier dans les rues de Paris la découverte d'un prétendu plan d'association entre les royalistes du midi et ceux de l'ouest de la France, trouvé dans les papiers d'un député démissionnaire; et il s'agit uniquement d'une brochure sur ce sujet, imprimée en 1821, et qui se vend depuis dix ans. Peut-on se moquer ainsi de la bonne foi du public, et accuser si légèrement de conspiration un homme honorable? Toutes ces fouilles, toutes ces visites domiciliaires faites illégalement n'ont amené aucun résultat; et comme on veut autoriser les persécutions, on fabrique de prétendues correspondances qu'on publie avoir été saisies en province, chez des citoyens paisibles dont on viole le domicile; mais le bon sens public a déjà fait justice de pareils moyens.

Nota. Le budget des dépenses de l'État, pour l'année 1831, sera présenté aux Chambres ces jours-ci. Il s'élève à douze cents millions!... Ainsi, en pleine paix, et lorsque chaque jour les ministres nous assurent que nous n'aurons pas la guerre, ils nous demandent trois cents millions de plus qu'en 1830, où nous avons fait la conquête d'Alger, et où une partie de notre marine était armée. Déjà les Chambres ont adopté une loi en vertu de laquelle l'impôt personnel et mobilier, qui était réparti avec équité par les conseils municipaux, devient un impôt de *capitation*. Les ménages les moins fortunés y seront soumis, et la répartition sera faite par les commis du gouvernement. L'impôt des portes et fenêtres vient aussi d'être augmenté de vingt-cinq millions. Dans certaines localités, celui qui payait 5 francs en paiera 33.

La contribution foncière, qui depuis la restauration avait été diminuée de plus de quarante millions, va être remise sur l'ancien pied, comme sous l'empire.

FIN.

IMPRIMERIE DE G.-A. DENTU,
RUE DU COLOMBIER, N° 21.

www.ingramcontent.com/pod-product-compliance
Lightning Source LLC
Chambersburg PA
CBHW061615040426
42450CB00010B/2493